THE
Abundance
PLANNER

CREATED BY KAREN STOTT

#abundanceplanner
www.AnIntentionalHome.com

This planner belongs to:

_____

IF FOUND, PLEASE CONTACT ME VIA

_____

THE ABUNDANCE PLANNER IS A PRODUCT OF

TO CONNECT WITH KAREN VISIT
www.AnIntentionalHome.com
IG @KarenStott

If you are not yet a Young Living Member, and you want to get started,
visit www.healthyintentionalhome.com
My sponsor # is 11426948 / Haven Hill Ministries
& I'd LOVE to have you join me in this journey!

We LOVE seeing how people are using The Abundance Planner
Please use the hashtag #abundanceplanner when sharing
on social media. We will randomly choose winners from the
hashtag to win FREE goodies from our shop!

COPYRIGHT @INTENTIONALHOME 2017

Hey Lovely!

I am seriously so honored and excited that The Abundance Planner has made its way into your hands.

This planner is a passion project for the essential oils community that I've come to know and love so much. As a busy mamapreneur, I know the struggle of the juggle well. I have been blessed to build several successful businesses over the years, grow a world-wide community of business women called Pursuit Community. And most recently, venture into the world of becoming a published author.

With everything I've had the pleasure of doing over the years, the essential oils and network marketing world is unlike anything I've ever experienced before. And I LOVE IT!

As I set out to conquer my big dreams for this business, I noticed that I was starting to hoard quite the large paper collection. Before long, I had lists, scratch notes, flow charts, and spreadsheets taking over my kitchen table. It became very clear that for me to be able to tackle my to do list, keep track of my teams growth, love my team well, plan the month ahead, and manage it all while keeping my family at the forefront, I needed a better system. I needed a hub for all of this paper mess I'd made for myself.

Within a few hours, the first Abundance Planner was underway, and I must admit, I'm a bit smitten. We all have different reasons that we started this journey, but I think we can all agree that a living a life of abundant joy, freedom, health, love, friendships, and family time is at the forefront.

I wanted to create a central place that not only allowed us to do this business well, but to do it with purpose. I want to help women work this business in a way that allows us all to thrive at life. Not just work. I hope this planner helps you to hone in on the things you do well, and delegate the rest. I hope it helps you make time for what matters, and create the business and life you've dreamed of. Because that's the good stuff friends. And it's worth fighting for.

xoxo, *Karen*

Things to work on

BOOKS TO READ	VIDEOS TO MAKE	NOTES TO WRITE

Dream it. See it. Do it.

WHY DID I START THIS BUSINESS?

_____

_____

_____

MY DREAM PAYCHECK

_____

MY DREAM RANK

_____

WHAT WILL BE POSSIBLE FOR ME AND MY FAMILY IF I ACHEIVE THIS RANK & PAYCHECK?

_____

_____

WHAT COULD WE DO FOR OTHERS WITH THIS RANK & PAYCHECK?

_____

_____

Gratitude List

GOOD THINGS THAT HAVE HAPPENED

_____	_____
_____	_____
_____	_____
_____	_____
_____	_____
_____	_____
_____	_____
_____	_____
_____	_____
_____	_____
_____	_____
_____	_____
_____	_____
_____	_____

Gratitude List

GOOD THINGS THAT HAVE HAPPENED

_____	_____
_____	_____
_____	_____
_____	_____
_____	_____
_____	_____
_____	_____
_____	_____
_____	_____
_____	_____
_____	_____
_____	_____
_____	_____
_____	_____

My Wheelhouse

TOP 5 STRENGTH FINDERS

_____

_____

_____

_____

_____

MEYERS - BRIGGS

_____

ENNEAGRAM

_____

MY COLORS

_____

Things to keep on my To Do's

BASED ON MY STRENGTHS & GIFTS

_____	_____
_____	_____
_____	_____
_____	_____
_____	_____
_____	_____
_____	_____

Not in my Wheelhouse

THINGS I DO NOT DO WELL	WHO CAN I ASK FOR HELP

My Systems

NEW MEMBER

_____

_____

_____

_____

_____

_____

NEW CUSTOMER

_____

_____

_____

_____

_____

_____

NEW BUILDER

_____

_____

_____

_____

_____

_____

NEW RANKER

_____

_____

_____

_____

_____

_____

All about Relationships

WHO TO REACH OUT TO

_____
_____
_____
_____
_____
_____
_____
_____
_____
_____
_____
_____
_____
_____
_____

WHO TO FOLLOW UP WITH

_____
_____
_____
_____
_____
_____
_____
_____
_____
_____
_____
_____
_____
_____
_____

Keep The Faith

WHAT TO PRAY FOR

_____
_____
_____
_____
_____
_____
_____
_____
_____
_____
_____
_____
_____
_____
_____
_____

PRAISES & ANSWERS

_____
_____
_____
_____
_____
_____
_____
_____
_____
_____
_____
_____
_____
_____
_____
_____

My Vision

MY VISION FOR MYSELF AND MY HEALTH IS

_____

_____

_____

MY VISION FOR MY FAMILY IS

_____

_____

_____

MY VISION FOR MY WORK IS

_____

_____

_____

MY VISION FOR MY TEAM IS

_____

_____

_____

Monthly Hub

PREVIOUS MONTH	TOTAL MEMBERS
RANK / DAY	NEW MEMBERS
OGV	PV
LEG #1 OGV	LEG #2 OGV
LEG #3 OGV	LEG #4 OGV
LEG #5 OGV	LEG #6 OGV
WHAT WENT WELL	WHAT DIDN'T

Incentives

WHO WON AN INCENTIVE	WHAT TO SEND

Monthly Hub

THIS MONTH	GOAL
ER INCENTIVE	BUILDER INCENTIVE
OGV GOAL	RANK GOAL
LEG #1 GOAL	LEG #2 GOAL
LEG #3 GOAL	LEG #4 GOAL
LEG #5 GOAL	LEG #6 GOAL
CLASSES TO HOST	PRAY FOR

All the Goodies

WHAT TO ADD TO ER

_____
_____
_____
_____
_____
_____
_____
_____
_____
_____

WISH LIST

_____
_____
_____
_____
_____
_____
_____
_____
_____
_____

ORDER FOR GIFTS

_____
_____
_____
_____

ORDER FOR SAMPLES

_____
_____
_____
_____

Classes

CLASS DATE

_____

BULLET POINTS

_____

_____

_____

WHERE IT'S HOSTED

_____

SUPPLIES TO BUY

_____

_____

_____

CLASS DATE

_____

BULLET POINTS

_____

_____

_____

WHERE IT'S HOSTED

_____

SUPPLIES TO BUY

_____

_____

_____

Classes

CLASS DATE   WHERE IT'S HOSTED
_____   _____

BULLET POINTS   SUPPLIES TO BUY
_____   _____
_____   _____
_____   _____

CLASS DATE   WHERE IT'S HOSTED
_____   _____

BULLET POINTS   SUPPLIES TO BUY
_____   _____
_____   _____
_____   _____

New Ranks

MEMBER NAME	RANK GIFT TO SEND

New Members

MEMBER NAME	WELCOME GIFT TO SEND

Goal Hub

MY CURRENT	MY GOAL
LEG #1 CURRENT	THEIR GOAL
LEG #2 CURRENT	THEIR GOAL
LEG #3 CURRENT	THEIR GOAL
LEG #4 CURRENT	THEIR GOAL
LEG #5 CURRENT	THEIR GOAL
LEG #6 CURRENT	THEIR GOAL

My Rank Map

FRONTLINE TEAM

Leg #1

NAME   BIRTHDAY
_____   _____

GOALS   FAVORITE PRODUCTS
_____   _____

Rank Map

Leg #2

NAME   BIRTHDAY

_____   _____

GOALS   FAVORITE PRODUCTS

_____   _____

Rank Map

Leg #3

NAME   BIRTHDAY

_____   _____

GOALS   FAVORITE PRODUCTS

_____   _____

Rank Map

Leg #4

NAME   BIRTHDAY

_____   _____

GOALS   FAVORITE PRODUCTS

_____   _____

Rank Map

Leg #5

NAME _____   BIRTHDAY _____

GOALS _____   FAVORITE PRODUCTS _____

Rank Map

Leg #6

NAME _____   BIRTHDAY _____

GOALS _____   FAVORITE PRODUCTS _____

Rank Map

IT'S _____ SUNDAY MONDAY TUESDAY

THANKFUL FOR

WEDNESDAY	THURSDAY	FRIDAY	SATURDAY

Week of _____

TO DO'S	NOTES		MONDAY	TUESDAY
for life		**TOP 3 TO DO'S**		
		THINGS TO DO NEXT		
for work				
		TODAY'S GOOD THINGS		

WEDNESDAY	THURSDAY	FRIDAY	SAT & SUN

Week of _____

TO DO'S	NOTES		MONDAY	TUESDAY
for life		**TOP 3 TO DO'S**		
for work		**THINGS TO DO NEXT**		
		TODAY'S GOOD THINGS		

WEDNESDAY	THURSDAY	FRIDAY	SAT & SUN

Week of _____

TO DO'S	NOTES		MONDAY	TUESDAY
for life		**TOP 3 TO DO'S**		
		THINGS TO DO NEXT		
for work				
		TODAY'S GOOD THINGS		

WEDNESDAY	THURSDAY	FRIDAY	SAT & SUN

Week of _____

TO DO'S	NOTES		MONDAY	TUESDAY
for life		**TOP 3 TO DO'S**		
for work		**THINGS TO DO NEXT**		
		TODAY'S GOOD THINGS		

WEDNESDAY	THURSDAY	FRIDAY	SAT & SUN

Week of _____

TO DO'S	NOTES		MONDAY	TUESDAY

for life

for work

TOP 3 TO DO'S

THINGS TO DO NEXT

TODAY'S GOOD THINGS

WEDNESDAY	THURSDAY	FRIDAY	SAT & SUN

Monthly Hub

PREVIOUS MONTH	TOTAL MEMBERS
_____	_____
RANK / DAY	NEW MEMBERS
_____	_____
OGV	PV
_____	_____
LEG #1 OGV	LEG #2 OGV
_____	_____
LEG #3 OGV	LEG #4 OGV
_____	_____
LEG #5 OGV	LEG #6 OGV
_____	_____
WHAT WENT WELL	WHAT DIDN'T
_____	_____
_____	_____
_____	_____

Incentives

WHO WON AN INCENTIVE	WHAT TO SEND

Monthly Hub

THIS MONTH

_____

ER INCENTIVE

_____

OGV GOAL

_____

LEG #1 GOAL

_____

LEG #3 GOAL

_____

LEG #5 GOAL

_____

CLASSES TO HOST

_____

_____

_____

GOAL

_____

BUILDER INCENTIVE

_____

RANK GOAL

_____

LEG #2 GOAL

_____

LEG #4 GOAL

_____

LEG #6 GOAL

_____

PRAY FOR

_____

_____

_____

All the Goodies

WHAT TO ADD TO ER

_____
_____
_____
_____
_____
_____
_____
_____
_____
_____

WISH LIST

_____
_____
_____
_____
_____
_____
_____
_____
_____
_____

ORDER FOR GIFTS

_____
_____
_____

ORDER FOR SAMPLES

_____
_____
_____

Classes

CLASS DATE

WHERE IT'S HOSTED

_____

_____

BULLET POINTS

SUPPLIES TO BUY

_____

_____

_____

_____

_____

_____

CLASS DATE

WHERE IT'S HOSTED

_____

_____

BULLET POINTS

SUPPLIES TO BUY

_____

_____

_____

_____

_____

_____

Classes

CLASS DATE   WHERE IT'S HOSTED

_____   _____

BULLET POINTS   SUPPLIES TO BUY

_____   _____
_____   _____
_____   _____

CLASS DATE   WHERE IT'S HOSTED

_____   _____

BULLET POINTS   SUPPLIES TO BUY

_____   _____
_____   _____
_____   _____

New Ranks

MEMBER NAME	RANK GIFT TO SEND

New Members

MEMBER NAME	WELCOME GIFT TO SEND

Goal Hub

MY CURRENT	MY GOAL
LEG #1 CURRENT	THEIR GOAL
LEG #2 CURRENT	THEIR GOAL
LEG #3 CURRENT	THEIR GOAL
LEG #4 CURRENT	THEIR GOAL
LEG #5 CURRENT	THEIR GOAL
LEG #6 CURRENT	THEIR GOAL

My Rank Map
FRONTLINE TEAM

Leg #1

NAME   BIRTHDAY
_____   _____

GOALS   FAVORITE PRODUCTS
_____   _____

Rank Map

Leg #2

NAME   BIRTHDAY

_____   _____

GOALS   FAVORITE PRODUCTS

_____   _____

Rank Map

Leg #3

NAME

BIRTHDAY

GOALS

FAVORITE PRODUCTS

Rank Map

Leg #4

NAME

BIRTHDAY

GOALS

FAVORITE PRODUCTS

Rank Map

Leg #5

NAME   BIRTHDAY

_____   _____

GOALS   FAVORITE PRODUCTS

_____   _____

Rank Map

Leg #6

NAME   BIRTHDAY
_____   _____

GOALS   FAVORITE PRODUCTS
_____   _____

Rank Map

IT'S _____ SUNDAY MONDAY TUESDAY

THANKFUL FOR

_____
_____
_____
_____
_____
_____
_____
_____
_____
_____
_____
_____
_____
_____
_____
_____

WEDNESDAY	THURSDAY	FRIDAY	SATURDAY

Week of _____

TO DO'S	NOTES		MONDAY	TUESDAY
for life		**TOP 3 TO DO'S**		
for work		**THINGS TO DO NEXT**		
		TODAY'S GOOD THINGS		

WEDNESDAY	THURSDAY	FRIDAY	SAT & SUN

Week of _____

TO DO'S	NOTES		MONDAY	TUESDAY
for life		**TOP 3 TO DO'S**		
for work		**THINGS TO DO NEXT**		
		TODAY'S GOOD THINGS		

WEDNESDAY	THURSDAY	FRIDAY	SAT & SUN

Week of _____

TO DO'S	NOTES		MONDAY	TUESDAY
for life		**TOP 3 TO DO'S**		
for work		**THINGS TO DO NEXT**		
		TODAY'S GOOD THINGS		

WEDNESDAY	THURSDAY	FRIDAY	SAT & SUN

Week of _____

TO DO'S	NOTES		MONDAY	TUESDAY

for life

for work

TOP 3 TO DO'S

THINGS TO DO NEXT

TODAY'S GOOD THINGS

WEDNESDAY	THURSDAY	FRIDAY	SAT & SUN

Week of _____

TO DO'S	NOTES		MONDAY	TUESDAY
for life		**TOP 3 TO DO'S**		
for work		**THINGS TO DO NEXT**		
		TODAY'S GOOD THINGS		

WEDNESDAY	THURSDAY	FRIDAY	SAT & SUN

Monthly Hub

PREVIOUS MONTH	TOTAL MEMBERS
RANK / DAY	NEW MEMBERS
OGV	PV
LEG #1 OGV	LEG #2 OGV
LEG #3 OGV	LEG #4 OGV
LEG #5 OGV	LEG #6 OGV
WHAT WENT WELL	WHAT DIDN'T

Incentives

WHO WON AN INCENTIVE   WHAT TO SEND

Monthly Hub

THIS MONTH	GOAL
ER INCENTIVE	BUILDER INCENTIVE
OGV GOAL	RANK GOAL
LEG #1 GOAL	LEG #2 GOAL
LEG #3 GOAL	LEG #4 GOAL
LEG #5 GOAL	LEG #6 GOAL
CLASSES TO HOST	PRAY FOR

All the Goodies

WHAT TO ADD TO ER

_____

_____

_____

_____

_____

_____

_____

_____

_____

_____

_____

WISH LIST

_____

_____

_____

_____

_____

_____

_____

_____

_____

_____

_____

ORDER FOR GIFTS

_____

_____

_____

_____

ORDER FOR SAMPLES

_____

_____

_____

_____

Classes

CLASS DATE   WHERE IT'S HOSTED

_____   _____

BULLET POINTS   SUPPLIES TO BUY

_____   _____
_____   _____
_____   _____

CLASS DATE   WHERE IT'S HOSTED

_____   _____

BULLET POINTS   SUPPLIES TO BUY

_____   _____
_____   _____
_____   _____

Classes

CLASS DATE	WHERE IT'S HOSTED
_____	_____

BULLET POINTS	SUPPLIES TO BUY
_____	_____
_____	_____
_____	_____

CLASS DATE	WHERE IT'S HOSTED
_____	_____

BULLET POINTS	SUPPLIES TO BUY
_____	_____
_____	_____
_____	_____

New Ranks

MEMBER NAME	RANK GIFT TO SEND

New Members

MEMBER NAME	WELCOME GIFT TO SEND

Goal Hub

MY CURRENT	MY GOAL
LEG #1 CURRENT	THEIR GOAL
LEG #2 CURRENT	THEIR GOAL
LEG #3 CURRENT	THEIR GOAL
LEG #4 CURRENT	THEIR GOAL
LEG #5 CURRENT	THEIR GOAL
LEG #6 CURRENT	THEIR GOAL

My Rank Map
FRONTLINE TEAM

Leg #1

NAME BIRTHDAY

GOALS FAVORITE PRODUCTS

Rank Map

Leg #2

NAME   BIRTHDAY

_____   _____

GOALS   FAVORITE PRODUCTS

_____   _____

Rank Map

Leg #3

NAME BIRTHDAY

GOALS FAVORITE PRODUCTS

Rank Map

Leg #4

NAME   BIRTHDAY

GOALS   FAVORITE PRODUCTS

Rank Map

Leg #5

NAME _____ BIRTHDAY _____

GOALS _____ FAVORITE PRODUCTS _____

Rank Map

Leg #6

NAME   BIRTHDAY

GOALS   FAVORITE PRODUCTS

Rank Map

IT'S _____ SUNDAY MONDAY TUESDAY

THANKFUL FOR

WEDNESDAY	THURSDAY	FRIDAY	SATURDAY

Week of _____

TO DO'S	NOTES		MONDAY	TUESDAY
for life		TOP 3 TO DO'S		
for work		THINGS TO DO NEXT		
		TODAY'S GOOD THINGS		

WEDNESDAY	THURSDAY	FRIDAY	SAT & SUN

Week of _____

TO DO'S	NOTES		MONDAY	TUESDAY
for life		**TOP 3 TO DO'S**		
		THINGS TO DO NEXT		
for work				
		TODAY'S GOOD THINGS		

WEDNESDAY	THURSDAY	FRIDAY	SAT & SUN

Week of _____

TO DO'S	NOTES		MONDAY	TUESDAY
for life		**TOP 3 TO DO'S**		
for work		**THINGS TO DO NEXT**		
		TODAY'S GOOD THINGS		

WEDNESDAY	THURSDAY	FRIDAY	SAT & SUN

Week of _____

TO DO'S	NOTES		MONDAY	TUESDAY
for life		TOP 3 TO DO'S		
for work		THINGS TO DO NEXT		
		TODAY'S GOOD THINGS		

WEDNESDAY	THURSDAY	FRIDAY	SAT & SUN

Week of _____

TO DO'S	NOTES		MONDAY	TUESDAY
for life		**TOP 3 TO DO'S**		
		THINGS TO DO NEXT		
for work				
		TODAY'S GOOD THINGS		

WEDNESDAY	THURSDAY	FRIDAY	SAT & SUN

Monthly Hub

PREVIOUS MONTH	TOTAL MEMBERS
RANK / DAY	NEW MEMBERS
OGV	PV
LEG #1 OGV	LEG #2 OGV
LEG #3 OGV	LEG #4 OGV
LEG #5 OGV	LEG #6 OGV
WHAT WENT WELL	WHAT DIDN'T

Incentives

WHO WON AN INCENTIVE	WHAT TO SEND

Monthly Hub

THIS MONTH	GOAL
ER INCENTIVE	BUILDER INCENTIVE
OGV GOAL	RANK GOAL
LEG #1 GOAL	LEG #2 GOAL
LEG #3 GOAL	LEG #4 GOAL
LEG #5 GOAL	LEG #6 GOAL
CLASSES TO HOST	PRAY FOR

All the Goodies

WHAT TO ADD TO ER

WISH LIST

ORDER FOR GIFTS

ORDER FOR SAMPLES

Classes

CLASS DATE   WHERE IT'S HOSTED

_____   _____

BULLET POINTS   SUPPLIES TO BUY

_____   _____

_____   _____

_____   _____

CLASS DATE   WHERE IT'S HOSTED

_____   _____

BULLET POINTS   SUPPLIES TO BUY

_____   _____

_____   _____

_____   _____

Classes

CLASS DATE   WHERE IT'S HOSTED

_____   _____

BULLET POINTS   SUPPLIES TO BUY

_____   _____

_____   _____

_____   _____

CLASS DATE   WHERE IT'S HOSTED

_____   _____

BULLET POINTS   SUPPLIES TO BUY

_____   _____

_____   _____

_____   _____

New Ranks

MEMBER NAME	RANK GIFT TO SEND

New Members

MEMBER NAME	WELCOME GIFT TO SEND

Goal Hub

MY CURRENT	MY GOAL
LEG #1 CURRENT	THEIR GOAL
LEG #2 CURRENT	THEIR GOAL
LEG #3 CURRENT	THEIR GOAL
LEG #4 CURRENT	THEIR GOAL
LEG #5 CURRENT	THEIR GOAL
LEG #6 CURRENT	THEIR GOAL

My Rank Map
FRONTLINE TEAM

Leg #1

NAME   BIRTHDAY

_____   _____

GOALS   FAVORITE PRODUCTS

_____   _____

Rank Map

Leg #2

NAME | BIRTHDAY

GOALS | FAVORITE PRODUCTS

Rank Map

Leg #3

NAME   BIRTHDAY
_____   _____

GOALS   FAVORITE PRODUCTS
_____   _____

Rank Map

Leg #4

NAME   BIRTHDAY

GOALS   FAVORITE PRODUCTS

Rank Map

Leg #5

NAME   BIRTHDAY
_____   _____

GOALS   FAVORITE PRODUCTS
_____   _____

Rank Map

Leg #6

NAME   BIRTHDAY

_____   _____

GOALS   FAVORITE PRODUCTS

_____   _____

Rank Map

IT'S _____   SUNDAY   MONDAY   TUESDAY

THANKFUL FOR

WEDNESDAY	THURSDAY	FRIDAY	SATURDAY

Week of _____

TO DO'S	NOTES		MONDAY	TUESDAY
for life		**TOP 3 TO DO'S**		
for work		**THINGS TO DO NEXT**		
		TODAY'S GOOD THINGS		

WEDNESDAY	THURSDAY	FRIDAY	SAT & SUN

Week of _____

TO DO'S	NOTES		MONDAY	TUESDAY
for life		TOP 3 TO DO'S		
for work		THINGS TO DO NEXT		
		TODAY'S GOOD THINGS		

WEDNESDAY	THURSDAY	FRIDAY	SAT & SUN

Week of _____

TO DO'S	NOTES		MONDAY	TUESDAY
for life		**TOP 3 TO DO'S**		
for work		**THINGS TO DO NEXT**		
		TODAY'S GOOD THINGS		

WEDNESDAY	THURSDAY	FRIDAY	SAT & SUN

Week of _____

TO DO'S	NOTES		MONDAY	TUESDAY
for life		TOP 3 TO DO'S		
for work		THINGS TO DO NEXT		
		TODAY'S GOOD THINGS		

WEDNESDAY	THURSDAY	FRIDAY	SAT & SUN

Week of _____

TO DO'S	NOTES		MONDAY	TUESDAY
for life		**TOP 3 TO DO'S**		
for work		**THINGS TO DO NEXT**		
		TODAY'S GOOD THINGS		

WEDNESDAY	THURSDAY	FRIDAY	SAT & SUN

Monthly Hub

PREVIOUS MONTH	TOTAL MEMBERS
RANK / DAY	NEW MEMBERS
OGV	PV
LEG #1 OGV	LEG #2 OGV
LEG #3 OGV	LEG #4 OGV
LEG #5 OGV	LEG #6 OGV
WHAT WENT WELL	WHAT DIDN'T

Incentives

WHO WON AN INCENTIVE	WHAT TO SEND

Monthly Hub

THIS MONTH	GOAL
ER INCENTIVE	BUILDER INCENTIVE
OGV GOAL	RANK GOAL
LEG #1 GOAL	LEG #2 GOAL
LEG #3 GOAL	LEG #4 GOAL
LEG #5 GOAL	LEG #6 GOAL
CLASSES TO HOST	PRAY FOR

All the Goodies

WHAT TO ADD TO ER

_____
_____
_____
_____
_____
_____
_____
_____
_____
_____

WISH LIST

_____
_____
_____
_____
_____
_____
_____
_____
_____
_____

ORDER FOR GIFTS

_____
_____
_____

ORDER FOR SAMPLES

_____
_____
_____

Classes

CLASS DATE	WHERE IT'S HOSTED
_____	_____

BULLET POINTS	SUPPLIES TO BUY
_____	_____
_____	_____
_____	_____

CLASS DATE	WHERE IT'S HOSTED
_____	_____

BULLET POINTS	SUPPLIES TO BUY
_____	_____
_____	_____
_____	_____

Classes

CLASS DATE	WHERE IT'S HOSTED
_____	_____

BULLET POINTS	SUPPLIES TO BUY
_____	_____
_____	_____
_____	_____

CLASS DATE	WHERE IT'S HOSTED
_____	_____

BULLET POINTS	SUPPLIES TO BUY
_____	_____
_____	_____
_____	_____

New Ranks

MEMBER NAME	RANK GIFT TO SEND

New Members

MEMBER NAME	WELCOME GIFT TO SEND

Goal Hub

MY CURRENT	MY GOAL
LEG #1 CURRENT	THEIR GOAL
LEG #2 CURRENT	THEIR GOAL
LEG #3 CURRENT	THEIR GOAL
LEG #4 CURRENT	THEIR GOAL
LEG #5 CURRENT	THEIR GOAL
LEG #6 CURRENT	THEIR GOAL

My Rank Map
FRONTLINE TEAM

Leg #1

NAME _____ BIRTHDAY _____

GOALS _____ FAVORITE PRODUCTS _____

Rank Map

Leg #2

NAME   BIRTHDAY
_____   _____

GOALS   FAVORITE PRODUCTS
_____   _____

Rank Map

Leg #3

NAME   BIRTHDAY
_____   _____

GOALS   FAVORITE PRODUCTS
_____   _____

Rank Map

Leg #4

NAME BIRTHDAY

_____ _____

GOALS FAVORITE PRODUCTS

_____ _____

Rank Map

Leg #5

NAME   BIRTHDAY

_____   _____

GOALS   FAVORITE PRODUCTS

_____   _____

Rank Map

Leg #6

NAME _____   BIRTHDAY _____

GOALS _____   FAVORITE PRODUCTS _____

Rank Map

IT'S _____ SUNDAY MONDAY TUESDAY

THANKFUL FOR

WEDNESDAY	THURSDAY	FRIDAY	SATURDAY

Week of _____

TO DO'S	NOTES		MONDAY	TUESDAY
for life		**TOP 3 TO DO'S**		
for work		**THINGS TO DO NEXT**		
		TODAY'S GOOD THINGS		

WEDNESDAY	THURSDAY	FRIDAY	SAT & SUN

Week of _____

TO DO'S	NOTES		MONDAY	TUESDAY
for life		TOP 3 TO DO'S		
for work		THINGS TO DO NEXT		
		TODAY'S GOOD THINGS		

WEDNESDAY	THURSDAY	FRIDAY	SAT & SUN

Week of _____

TO DO'S	NOTES		MONDAY	TUESDAY
for life		**TOP 3 TO DO'S**		
for work		**THINGS TO DO NEXT**		
		TODAY'S GOOD THINGS		

WEDNESDAY	THURSDAY	FRIDAY	SAT & SUN

Week of _____

TO DO'S	NOTES		MONDAY	TUESDAY
for life		**TOP 3 TO DO'S**		
for work		**THINGS TO DO NEXT**		
		TODAY'S GOOD THINGS		

WEDNESDAY	THURSDAY	FRIDAY	SAT & SUN

Week of _____

TO DO'S	NOTES		MONDAY	TUESDAY
for life		TOP 3 TO DO'S		
for work		THINGS TO DO NEXT		
		TODAY'S GOOD THINGS		

WEDNESDAY	THURSDAY	FRIDAY	SAT & SUN

Monthly Hub

PREVIOUS MONTH

———————————————

RANK / DAY

———————————————

OGV

———————————————

LEG #1 OGV

———————————————

LEG #3 OGV

———————————————

LEG #5 OGV

———————————————

WHAT WENT WELL

———————————————

———————————————

———————————————

TOTAL MEMBERS

———————————————

NEW MEMBERS

———————————————

PV

———————————————

LEG #2 OGV

———————————————

LEG #4 OGV

———————————————

LEG #6 OGV

———————————————

WHAT DIDN'T

———————————————

———————————————

———————————————

Incentives

WHO WON AN INCENTIVE	WHAT TO SEND

Monthly Hub

THIS MONTH	GOAL
ER INCENTIVE	BUILDER INCENTIVE
OGV GOAL	RANK GOAL
LEG #1 GOAL	LEG #2 GOAL
LEG #3 GOAL	LEG #4 GOAL
LEG #5 GOAL	LEG #6 GOAL
CLASSES TO HOST	PRAY FOR

All the Goodies

WHAT TO ADD TO ER

_____
_____
_____
_____
_____
_____
_____
_____
_____
_____

WISH LIST

_____
_____
_____
_____
_____
_____
_____
_____
_____
_____

ORDER FOR GIFTS

_____
_____
_____

ORDER FOR SAMPLES

_____
_____
_____

Classes

CLASS DATE	WHERE IT'S HOSTED
_____	_____

BULLET POINTS	SUPPLIES TO BUY
_____	_____
_____	_____
_____	_____

CLASS DATE	WHERE IT'S HOSTED
_____	_____

BULLET POINTS	SUPPLIES TO BUY
_____	_____
_____	_____
_____	_____

Classes

CLASS DATE	WHERE IT'S HOSTED
_____	_____

BULLET POINTS	SUPPLIES TO BUY
_____	_____
_____	_____
_____	_____

CLASS DATE	WHERE IT'S HOSTED
_____	_____

BULLET POINTS	SUPPLIES TO BUY
_____	_____
_____	_____
_____	_____

New Ranks

MEMBER NAME	RANK GIFT TO SEND

New Members

MEMBER NAME	WELCOME GIFT TO SEND

Goal Hub

MY CURRENT	MY GOAL
LEG #1 CURRENT	THEIR GOAL
LEG #2 CURRENT	THEIR GOAL
LEG #3 CURRENT	THEIR GOAL
LEG #4 CURRENT	THEIR GOAL
LEG #5 CURRENT	THEIR GOAL
LEG #6 CURRENT	THEIR GOAL

My Rank Map

FRONTLINE TEAM

Leg #1

NAME _____ BIRTHDAY _____

GOALS _____ FAVORITE PRODUCTS _____

Rank Map

Leg #2

NAME   BIRTHDAY
_____   _____

GOALS   FAVORITE PRODUCTS
_____   _____

Rank Map

Leg #3

NAME BIRTHDAY
_____ _____

GOALS FAVORITE PRODUCTS
_____ _____

Rank Map

Leg #4

NAME   BIRTHDAY

_____   _____

GOALS   FAVORITE PRODUCTS

_____   _____

Rank Map

Leg #5

NAME _____ BIRTHDAY _____

GOALS _____ FAVORITE PRODUCTS _____

Rank Map

Leg #6

NAME   BIRTHDAY

_____   _____

GOALS   FAVORITE PRODUCTS

_____   _____

Rank Map

IT'S _____ SUNDAY MONDAY TUESDAY

THANKFUL FOR

WEDNESDAY	THURSDAY	FRIDAY	SATURDAY

Week of _____

TO DO'S	NOTES		MONDAY	TUESDAY
for life		TOP 3 TO DO'S		
for work		THINGS TO DO NEXT		
		TODAY'S GOOD THINGS		

WEDNESDAY	THURSDAY	FRIDAY	SAT & SUN

Week of _____

TO DO'S	NOTES		MONDAY	TUESDAY
for life		**TOP 3 TO DO'S**		
for work		**THINGS TO DO NEXT**		
		TODAY'S GOOD THINGS		

WEDNESDAY	THURSDAY	FRIDAY	SAT & SUN

Week of _____

TO DO'S	NOTES		MONDAY	TUESDAY
for life		**TOP 3 TO DO'S**		
for work		**THINGS TO DO NEXT**		
		TODAY'S GOOD THINGS		

WEDNESDAY	THURSDAY	FRIDAY	SAT & SUN

Week of _____

TO DO'S	NOTES		MONDAY	TUESDAY
for life		**TOP 3 TO DO'S**		
for work		**THINGS TO DO NEXT**		
		TODAY'S GOOD THINGS		

WEDNESDAY	THURSDAY	FRIDAY	SAT & SUN

Week of _____

TO DO'S	NOTES		MONDAY	TUESDAY
for life		**TOP 3 TO DO'S**		
for work		**THINGS TO DO NEXT**		
		TODAY'S GOOD THINGS		

WEDNESDAY	THURSDAY	FRIDAY	SAT & SUN

Sample Requests

Name _____ Name _____

Address _____ Address _____

_____ _____

Sample _____ Sample _____

Conversation Via _____ Conversation Via _____

Sent _____ Follow Up _____ Sent _____ Follow Up _____

Enrolled _____ Stacked _____ Enrolled _____ Stacked _____

Notes _____ Notes _____

_____ _____

_____ _____

Name _____ Name _____

Address _____ Address _____

_____ _____

Sample _____ Sample _____

Conversation Via _____ Conversation Via _____

Sent _____ Follow Up _____ Sent _____ Follow Up _____

Enrolled _____ Stacked _____ Enrolled _____ Stacked _____

Notes _____ Notes _____

_____ _____

_____ _____

Sample Requests

Name _____   Name _____

Address _____   Address _____

_____   _____

Sample _____   Sample _____

Conversation Via _____   Conversation Via _____

Sent _____ Follow Up _____   Sent _____ Follow Up _____

Enrolled _____ Stacked _____   Enrolled _____ Stacked _____

Notes _____   Notes _____

_____   _____

_____   _____

Name _____   Name _____

Address _____   Address _____

_____   _____

Sample _____   Sample _____

Conversation Via _____   Conversation Via _____

Sent _____ Follow Up _____   Sent _____ Follow Up _____

Enrolled _____ Stacked _____   Enrolled _____ Stacked _____

Notes _____   Notes _____

_____   _____

_____   _____

Sample Requests

Name _____   Name _____

Address _____   Address _____

_____   _____

Sample _____   Sample _____

Conversation Via _____   Conversation Via _____

Sent _____ Follow Up _____   Sent _____ Follow Up _____

Enrolled _____ Stacked _____   Enrolled _____ Stacked _____

Notes _____   Notes _____

_____   _____

_____   _____

Name _____   Name _____

Address _____   Address _____

_____   _____

Sample _____   Sample _____

Conversation Via _____   Conversation Via _____

Sent _____ Follow Up _____   Sent _____ Follow Up _____

Enrolled _____ Stacked _____   Enrolled _____ Stacked _____

Notes _____   Notes _____

_____   _____

_____   _____

Sample Requests

Name _____   Name _____

Address _____   Address _____

_____   _____

Sample _____   Sample _____

Conversation Via _____   Conversation Via _____

Sent _____ Follow Up _____   Sent _____ Follow Up _____

Enrolled _____ Stacked _____   Enrolled _____ Stacked _____

Notes _____   Notes _____

_____   _____

_____   _____

Name _____   Name _____

Address _____   Address _____

_____   _____

Sample _____   Sample _____

Conversation Via _____   Conversation Via _____

Sent _____ Follow Up _____   Sent _____ Follow Up _____

Enrolled _____ Stacked _____   Enrolled _____ Stacked _____

Notes _____   Notes _____

_____   _____

_____   _____

Sample Requests

Name _____
Address _____
_____
Sample _____
Conversation Via _____
Sent _____ Follow Up _____
Enrolled _____ Stacked _____
Notes _____
_____
_____

Name _____
Address _____
_____
Sample _____
Conversation Via _____
Sent _____ Follow Up _____
Enrolled _____ Stacked _____
Notes _____
_____
_____

Name _____
Address _____
_____
Sample _____
Conversation Via _____
Sent _____ Follow Up _____
Enrolled _____ Stacked _____
Notes _____
_____
_____

Name _____
Address _____
_____
Sample _____
Conversation Via _____
Sent _____ Follow Up _____
Enrolled _____ Stacked _____
Notes _____
_____
_____

Sample Requests

Name _____   Name _____

Address _____   Address _____

_____   _____

Sample _____   Sample _____

Conversation Via _____   Conversation Via _____

Sent _____ Follow Up _____   Sent _____ Follow Up _____

Enrolled _____ Stacked _____   Enrolled _____ Stacked _____

Notes _____   Notes _____

_____   _____

_____   _____

Name _____   Name _____

Address _____   Address _____

_____   _____

Sample _____   Sample _____

Conversation Via _____   Conversation Via _____

Sent _____ Follow Up _____   Sent _____ Follow Up _____

Enrolled _____ Stacked _____   Enrolled _____ Stacked _____

Notes _____   Notes _____

_____   _____

_____   _____

Sample Requests

Name _____

Address _____

_____

Sample _____

Conversation Via _____

Sent _____ Follow Up _____

Enrolled _____ Stacked _____

Notes _____

_____

_____

Name _____

Address _____

_____

Sample _____

Conversation Via _____

Sent _____ Follow Up _____

Enrolled _____ Stacked _____

Notes _____

_____

_____

Name _____

Address _____

_____

Sample _____

Conversation Via _____

Sent _____ Follow Up _____

Enrolled _____ Stacked _____

Notes _____

_____

_____

Name _____

Address _____

_____

Sample _____

Conversation Via _____

Sent _____ Follow Up _____

Enrolled _____ Stacked _____

Notes _____

_____

_____

Sample Requests

Name _____   Name _____

Address _____   Address _____

_____   _____

Sample _____   Sample _____

Conversation Via _____   Conversation Via _____

Sent _____ Follow Up _____   Sent _____ Follow Up _____

Enrolled _____ Stacked _____   Enrolled _____ Stacked _____

Notes _____   Notes _____

_____   _____

_____   _____

Name _____   Name _____

Address _____   Address _____

_____   _____

Sample _____   Sample _____

Conversation Via _____   Conversation Via _____

Sent _____ Follow Up _____   Sent _____ Follow Up _____

Enrolled _____ Stacked _____   Enrolled _____ Stacked _____

Notes _____   Notes _____

_____   _____

_____   _____

Sample Requests

Name _____

Address _____

_____

Sample _____

Conversation Via _____

Sent _____ Follow Up _____

Enrolled _____ Stacked _____

Notes _____

_____

_____

Name _____

Address _____

_____

Sample _____

Conversation Via _____

Sent _____ Follow Up _____

Enrolled _____ Stacked _____

Notes _____

_____

_____

Name _____

Address _____

_____

Sample _____

Conversation Via _____

Sent _____ Follow Up _____

Enrolled _____ Stacked _____

Notes _____

_____

_____

Name _____

Address _____

_____

Sample _____

Conversation Via _____

Sent _____ Follow Up _____

Enrolled _____ Stacked _____

Notes _____

_____

_____

Sample Requests

Name _____   Name _____

Address _____   Address _____

_____   _____

Sample _____   Sample _____

Conversation Via _____   Conversation Via _____

Sent _____ Follow Up _____   Sent _____ Follow Up _____

Enrolled _____ Stacked _____   Enrolled _____ Stacked _____

Notes _____   Notes _____

_____   _____

_____   _____

Name _____   Name _____

Address _____   Address _____

_____   _____

Sample _____   Sample _____

Conversation Via _____   Conversation Via _____

Sent _____ Follow Up _____   Sent _____ Follow Up _____

Enrolled _____ Stacked _____   Enrolled _____ Stacked _____

Notes _____   Notes _____

_____   _____

_____   _____

Sample Requests

Name _____   Name _____

Address _____   Address _____

_____   _____

Sample _____   Sample _____

Conversation Via _____   Conversation Via _____

Sent _____ Follow Up _____   Sent _____ Follow Up _____

Enrolled _____ Stacked _____ Enrolled _____ Stacked _____

Notes _____   Notes _____

_____   _____

_____   _____

Name _____   Name _____

Address _____   Address _____

_____   _____

Sample _____   Sample _____

Conversation Via _____   Conversation Via _____

Sent _____ Follow Up _____   Sent _____ Follow Up _____

Enrolled _____ Stacked _____ Enrolled _____ Stacked _____

Notes _____   Notes _____

_____   _____

_____   _____

Sample Requests

Name _____

Address _____

_____

Sample _____

Conversation Via _____

Sent _____ Follow Up _____

Enrolled _____ Stacked _____

Notes _____

_____

_____

Name _____

Address _____

_____

Sample _____

Conversation Via _____

Sent _____ Follow Up _____

Enrolled _____ Stacked _____

Notes _____

_____

_____

Name _____

Address _____

_____

Sample _____

Conversation Via _____

Sent _____ Follow Up _____

Enrolled _____ Stacked _____

Notes _____

_____

_____

Name _____

Address _____

_____

Sample _____

Conversation Via _____

Sent _____ Follow Up _____

Enrolled _____ Stacked _____

Notes _____

_____

_____

Sample Requests

Name _____   Name _____

Address _____   Address _____

_____   _____

Sample _____   Sample _____

Conversation Via _____   Conversation Via _____

Sent _____ Follow Up _____   Sent _____ Follow Up _____

Enrolled _____ Stacked _____   Enrolled _____ Stacked _____

Notes _____   Notes _____

_____   _____

_____   _____

Name _____   Name _____

Address _____   Address _____

_____   _____

Sample _____   Sample _____

Conversation Via _____   Conversation Via _____

Sent _____ Follow Up _____   Sent _____ Follow Up _____

Enrolled _____ Stacked _____   Enrolled _____ Stacked _____

Notes _____   Notes _____

_____   _____

_____   _____

Sample Requests

Name _____

Address _____

_____

Sample _____

Conversation Via _____

Sent _____ Follow Up _____

Enrolled _____ Stacked _____

Notes _____

_____

_____

Name _____

Address _____

_____

Sample _____

Conversation Via _____

Sent _____ Follow Up _____

Enrolled _____ Stacked _____

Notes _____

_____

_____

Name _____

Address _____

_____

Sample _____

Conversation Via _____

Sent _____ Follow Up _____

Enrolled _____ Stacked _____

Notes _____

_____

_____

Name _____

Address _____

_____

Sample _____

Conversation Via _____

Sent _____ Follow Up _____

Enrolled _____ Stacked _____

Notes _____

_____

_____

Sample Requests

Name _____ Name _____

Address _____ Address _____

_____ _____

Sample _____ Sample _____

Conversation Via _____ Conversation Via _____

Sent _____ Follow Up _____ Sent _____ Follow Up _____

Enrolled _____ Stacked _____ Enrolled _____ Stacked _____

Notes _____ Notes _____

_____ _____

_____ _____

Name _____ Name _____

Address _____ Address _____

_____ _____

Sample _____ Sample _____

Conversation Via _____ Conversation Via _____

Sent _____ Follow Up _____ Sent _____ Follow Up _____

Enrolled _____ Stacked _____ Enrolled _____ Stacked _____

Notes _____ Notes _____

_____ _____

_____ _____

Sample Requests

Name _____

Address _____

_____

Sample _____

Conversation Via _____

Sent _____ Follow Up _____

Enrolled _____ Stacked _____

Notes _____

_____

_____

Name _____

Address _____

_____

Sample _____

Conversation Via _____

Sent _____ Follow Up _____

Enrolled _____ Stacked _____

Notes _____

_____

_____

Name _____

Address _____

_____

Sample _____

Conversation Via _____

Sent _____ Follow Up _____

Enrolled _____ Stacked _____

Notes _____

_____

_____

Name _____

Address _____

_____

Sample _____

Conversation Via _____

Sent _____ Follow Up _____

Enrolled _____ Stacked _____

Notes _____

_____

_____

Sample Requests

Name _____ Name _____

Address _____ Address _____

_____ _____

Sample _____ Sample _____

Conversation Via _____ Conversation Via _____

Sent _____ Follow Up _____ Sent _____ Follow Up _____

Enrolled _____ Stacked _____ Enrolled _____ Stacked _____

Notes _____ Notes _____

_____ _____

_____ _____

Name _____ Name _____

Address _____ Address _____

_____ _____

Sample _____ Sample _____

Conversation Via _____ Conversation Via _____

Sent _____ Follow Up _____ Sent _____ Follow Up _____

Enrolled _____ Stacked _____ Enrolled _____ Stacked _____

Notes _____ Notes _____

_____ _____

_____ _____

Sample Requests

Name _____   Name _____

Address _____   Address _____

_____   _____

Sample _____   Sample _____

Conversation Via _____   Conversation Via _____

Sent _____ Follow Up _____   Sent _____ Follow Up _____

Enrolled _____ Stacked _____   Enrolled _____ Stacked _____

Notes _____   Notes _____

_____   _____

_____   _____

Name _____   Name _____

Address _____   Address _____

_____   _____

Sample _____   Sample _____

Conversation Via _____   Conversation Via _____

Sent _____ Follow Up _____   Sent _____ Follow Up _____

Enrolled _____ Stacked _____   Enrolled _____ Stacked _____

Notes _____   Notes _____

_____   _____

_____   _____

Sample Requests

Name _____ Name _____

Address _____ Address _____

_____ _____

Sample _____ Sample _____

Conversation Via _____ Conversation Via _____

Sent _____ Follow Up ____ Sent _____ Follow Up ____

Enrolled _____ Stacked _____ Enrolled _____ Stacked _____

Notes _____ Notes _____

_____ _____

_____ _____

Name _____ Name _____

Address _____ Address _____

_____ _____

Sample _____ Sample _____

Conversation Via _____ Conversation Via _____

Sent _____ Follow Up ____ Sent _____ Follow Up ____

Enrolled _____ Stacked _____ Enrolled _____ Stacked _____

Notes _____ Notes _____

_____ _____

_____ _____

Sample Requests

Name _____ Name _____

Address _____ Address _____

_____ _____

Sample _____ Sample _____

Conversation Via _____ Conversation Via _____

Sent _____ Follow Up _____ Sent _____ Follow Up _____

Enrolled _____ Stacked _____ Enrolled _____ Stacked _____

Notes _____ Notes _____

_____ _____

_____ _____

Name _____ Name _____

Address _____ Address _____

_____ _____

Sample _____ Sample _____

Conversation Via _____ Conversation Via _____

Sent _____ Follow Up _____ Sent _____ Follow Up _____

Enrolled _____ Stacked _____ Enrolled _____ Stacked _____

Notes _____ Notes _____

_____ _____

_____ _____

Sample Requests

Name _____ | Name _____

Address _____ | Address _____

_____ | _____

Sample _____ | Sample _____

Conversation Via _____ | Conversation Via _____

Sent _____ Follow Up _____ | Sent _____ Follow Up _____

Enrolled _____ Stacked _____ | Enrolled _____ Stacked _____

Notes _____ | Notes _____

_____ | _____

_____ | _____

Name _____ | Name _____

Address _____ | Address _____

_____ | _____

Sample _____ | Sample _____

Conversation Via _____ | Conversation Via _____

Sent _____ Follow Up _____ | Sent _____ Follow Up _____

Enrolled _____ Stacked _____ | Enrolled _____ Stacked _____

Notes _____ | Notes _____

_____ | _____

_____ | _____

Sample Requests

Name _____ Name _____

Address _____ Address _____

_____ _____

Sample _____ Sample _____

Conversation Via _____ Conversation Via _____

Sent _____ Follow Up _____ Sent _____ Follow Up _____

Enrolled _____ Stacked _____ Enrolled _____ Stacked _____

Notes _____ Notes _____

_____ _____

_____ _____

Name _____ Name _____

Address _____ Address _____

_____ _____

Sample _____ Sample _____

Conversation Via _____ Conversation Via _____

Sent _____ Follow Up _____ Sent _____ Follow Up _____

Enrolled _____ Stacked _____ Enrolled _____ Stacked _____

Notes _____ Notes _____

_____ _____

_____ _____

Sample Requests

Name _____

Address _____

_____

Sample _____

Conversation Via _____

Sent _____ Follow Up _____

Enrolled _____ Stacked _____

Notes _____

_____

_____

Name _____

Address _____

_____

Sample _____

Conversation Via _____

Sent _____ Follow Up _____

Enrolled _____ Stacked _____

Notes _____

_____

_____

Name _____

Address _____

_____

Sample _____

Conversation Via _____

Sent _____ Follow Up _____

Enrolled _____ Stacked _____

Notes _____

_____

_____

Name _____

Address _____

_____

Sample _____

Conversation Via _____

Sent _____ Follow Up _____

Enrolled _____ Stacked _____

Notes _____

_____

_____

Sample Requests

Name _____ Name _____

Address _____ Address _____

_____ _____

Sample _____ Sample _____

Conversation Via _____ Conversation Via _____

Sent _____ Follow Up _____ Sent _____ Follow Up _____

Enrolled _____ Stacked _____ Enrolled _____ Stacked _____

Notes _____ Notes _____

_____ _____

_____ _____

Name _____ Name _____

Address _____ Address _____

_____ _____

Sample _____ Sample _____

Conversation Via _____ Conversation Via _____

Sent _____ Follow Up _____ Sent _____ Follow Up _____

Enrolled _____ Stacked _____ Enrolled _____ Stacked _____

Notes _____ Notes _____

_____ _____

_____ _____

Sample Requests

Name _____

Address _____

_____

Sample _____

Conversation Via _____

Sent _____ Follow Up _____

Enrolled _____ Stacked _____

Notes _____

_____

_____

Name _____

Address _____

_____

Sample _____

Conversation Via _____

Sent _____ Follow Up _____

Enrolled _____ Stacked _____

Notes _____

_____

_____

Name _____

Address _____

_____

Sample _____

Conversation Via _____

Sent _____ Follow Up _____

Enrolled _____ Stacked _____

Notes _____

_____

_____

Name _____

Address _____

_____

Sample _____

Conversation Via _____

Sent _____ Follow Up _____

Enrolled _____ Stacked _____

Notes _____

_____

_____

Sample Requests

Name _____   Name _____

Address _____   Address _____

_____   _____

Sample _____   Sample _____

Conversation Via _____   Conversation Via _____

Sent _____ Follow Up _____   Sent _____ Follow Up _____

Enrolled _____ Stacked _____   Enrolled _____ Stacked _____

Notes _____   Notes _____

_____   _____

_____   _____

Name _____   Name _____

Address _____   Address _____

_____   _____

Sample _____   Sample _____

Conversation Via _____   Conversation Via _____

Sent _____ Follow Up _____   Sent _____ Follow Up _____

Enrolled _____ Stacked _____   Enrolled _____ Stacked _____

Notes _____   Notes _____

_____   _____

_____   _____

Ideas & Doodles

Ideas & Doodles

Ideas & Doodles

Ideas & Doodles

Ideas & Doodles

Ideas & Doodles

Ideas & Doodles

Ideas & Doodles